КИЇВ
у барвах осені

КИЇВ «МИСТЕЦТВО» 1991

KIEV *in Autumn Colours* КИЕ

КИЇВ

ББК 26.89(2Ук—2)я6
К38

Осень... Пора зрелости, вдохновения, свадеб,
пора прозрачная и волшебная, дарующая творческий подъем
поэтам и художникам. В эту пору в киевских парках
и на склонах Днепра среди шуршащей опавшей листвы
гуляют не только влюбленные.
Среди художников, чье сердце неравнодушно к красоте,
есть также опытные корреспонденты, фотолюбители.
И так будет всегда, потому что в это время года древний Киев,
будто по велению волшебной палочки, меняет свое лицо.
Скверы и парки вспыхивают яркими оранжевыми
и темно-багряными красками. Улицы и площади, такие зеленые
еще вчера, надевают торжественный осенний наряд,
сквозь который просвечивает золото старинных куполов...
Украшенная рыжим монистом рябины, алым пламенем канн,
вошла киевская осень на страницы предлагаемого альбома.
И хотя Киев красив в любое время года, этот альбом
будет напоминать о пребывании в столице Украины
именно осенью.

Фотозйомка
Віталія Федоровича Кузовкова

Текст
Павла Івановича Позняка

В АЛЬБОМІ ВИКОРИСТАНІ РЯДКИ З ВІРШІВ

Олексія Булиги

Івана Гнатюка, Василя Грінчака, Євмена Доломана
Олеся Доріченка, Костя Дрока, Вадима Крищенка
Миколи Лиходіда, Романа Лубківського, Дмитра Луценка
Миколи Нагнибіди, Миколи Ночовного, Бориса Палійчука
Юрія Петренка, Максима Рильського, Василя Симоненка
Володимира Сосюри, Павла Тичини, Бориса Чіпа
Олекси Ющенка

К $\frac{4911010000—003}{M207(04)—91}$ 73—91

ISBN 5-7715-0317-7

КИЇВ У БАРВАХ ОСЕНІ

Небагато в нашій країні знайдеться міст віку більш поважного, ніж Київ. Півтора тисячоліття стоїть він над стрімкими кручами сивого Дніпра-Славутича, і в час, коли по річці пливуть-клубочаться ранкові тумани, сам видається сивим і мудрим, як легендарний билинний богатир, над яким невладні роки й століття.

Правда, поети і публіцисти полюбляють нагороджувати Київ епітетом «вічно молодий», і це відповідає істині, бо день у день змінюється його обличчя, омолоджується він сучасними будівлями, новими широкими проспектами, житловими масивами, та в тому й принада Києва, що не втрачає він при цьому своєї історичності, своєї статечності, навіть таємничості древнього міста.

«Матір'ю міст руських» назвав Київ стародавній літописець. Прибравши під свою руку численні племена, Київ став центром першої держави східних слов'ян — Київської Русі, а від неї могутнім паростям пішли Велика, Мала і Біла Русь, які сьогодні ми називаємо республіками-сестрами Росією, Україною і Білорусією.

Цим фотоальбомом ми запрошуємо вас у мандрівку по Києву. Як справжня мандрівка буває обмежена в часі, так і наша, основана на увічнених з допомогою фотооб'єктива миттєвостях, теж могла б укластися всього в кілька осінніх днів. Ви почнете її, коли місто пломеніє в золото-багряних шатах, і закінчите з першим, ще несмілимим сніжком.

Чому ми запрошуємо вас на побачення з Києвом осінньої пори? Мабуть, вона, пора зрілості, врівноваженості і ніби сумовитої замріяності, найбільш імпонує старовинному історичному місту, якому є на що озирнутись, що пригадати, про що розповісти. І бронзовий вінок йому більш до лиця, ніж гірлянди весняних квітів.

Отож у добру путь по сторінках альбома, і нехай ця зустріч з Києвом буде радісною, приємною і повчальною.

У найдавнішому східно-слов'янському літописі «Повість временних літ» так описується історія виникнення Києва. Три брати Кий, Щек, Хорив та сестра їхня Либідь пливли якось у лодії повноводим Дніпром. Погляд мандрівників привабило городище на стрімкій зеленій горі, що височіла над могутньою рікою. А поруч — тиха спокійна природна гавань, де зручно причалювати човнам та кораблям. І спинилися брати з сестрою, на місці городища звели град, давши йому ім'я на честь старшого брата Кия. Імена інших засновників міста увічнилися в назвах гір — Щекавиця та Хоривиця, двох вулиць, а також річки — Либідь.

У дні, коли Київ відзначав своє 1500-річчя, біля підніжжя вже велетенського сучасного міста, за кілька кроків від ріки стала на вічний причал бронзова лодія з відважними братами та сестрою, щоб сучасники й нащадки не забували, звідки вони ведуть свій родовід...

Історія пишеться не тільки на пергаментах, вона карбується і в камені. Кам'яний літопис Києва великий і повчальний, він здатний розповісти багато цікавого тому, хто вміє бачити і слухати, хто хоче знати історію. Спиніть свій погляд на легких ажурних обрисах Аскольдової могили, прислухайтесь до тихого шепоту збронзовілого листя на старих кленах, і ви дізнаєтесь про те, як одного разу заїжджий князь Олег ступив з човна на київську землю, підступно виманив до берега місцевих князів Аскольда та Діра, вбив їх, сам зайнявши київський престол.

Чи повну правду донесла до нас ця старовинна легенда? У будь-якому разі, легендарний Олег, що підтверджують письмові джерела, спокутував свою провину, звеличив і зміцнив Київ, ходив походами на гордих візантійців і навіть, висловлюючись словами поета, водрузив свій «щит на вратах Цареграда».

Можна без кінця милуватися величним ансамблем Софії Київської, храму, вік якого налічує майже тисячу літ. Його заклав 1037 року великий князь київський Ярослав Мудрий на честь перемоги над войовничими кочівниками — печенігами. На полі за градом, як висловився літописець, де кипіла жорстока битва, і звелів він збудувати Софію, що грецькою мовою означає «мудрість». Він хотів бачити її не тільки культовим храмом, а й осередком культури, знань, просвіти. Саме тут була створена перша на Русі бібліотека, тут переписували й перекладали з інших мов книжки, існували іконо-писні, мозаїчні та інші майстерні.

Ярослав ушестеро розширив межі міста свого батька, Володимира, огоро-див його міцними мурами й ровами, побудувавши троє воріт, що вели до Києва. Найголовнішими, парадними вважалися Золоті ворота, кам'яні рештки яких дійшли до наших днів. Старанно вивчивши давні описи і зарисовки цієї величної споруди, реставратори, архітектори, художники недавно відтворили її первісний вигляд. Трішки фантазії, і на крилах від-новленої брами ви побачите постаті древньоруських дружинників, які пильно вдивляються вдалину: чи не загрожує місту майстрів дикий войов-ничий степ?..

З найдавніших часів Київ розвивався трьома окремими, хоча й найтісніше між собою пов'язаними осередками: аристократична Гора, або Верхнє місто з князівським палацом, будинками знаті та дружинників, Нижнє місто, чи Поділ,— трудове, ремісничо-торгове, із своїм непокірливим ха-рактером, здатне заперечити князеві, скликати своє віче, а то й підняти повстання, і, нарешті, Печерськ з Красним заміським князівським двором та великими й багатими монастирями, зокрема Києво-Печерським та Видубицьким.

Час невблаганний, він точить дерево і камінь, нищить архітектурні шедеври так само, як і халупи, але багато може зробити людина-господар, яка шанує свої корені, вбачає в минулому живий зв'язок поколінь. Це, мабуть, най-краще простежується на Подолі. Як і в усьому Києві, тут у 30-ті роки, під час так званої соціалістичної реконструкції міста загинуло чимало історич-них споруд, особливо культового призначення. А яких руйнувань зазнавав Поділ під час численних пожеж — тільки 1811 року згоріло 1240 будинків, 3 монастирі, 19 церков, ратуша, Гостиний двір та багато інших будівель Тяжкий, незгладимий слід лишила по собі й Велика Вітчизняна війна.

Та сьогодні тисячі людей мандрують по Подолу на побачення з минув-шиною. Старанням киян, справжніх патріотів міста, район з кожним днем набуває нових рис — одна за одною реставруються, відновлюються історичні та архітектурні пам'ятки, дедалі розширюючи й доповнюючи ансамбль Києва XVIII—XIX віків.

Кожна збережена для нащадків історична споруда — це часточка талан-ту, характеру видатних зодчих — Андрія Меленського, Івана Григорови-ча-Барського, Степана Ковніра, Йосипа Старцева, Василя Гесте, Йоганна Шеделя та багатьох інших, творців українського барокко та раннього класицизму, скромних будівничих, які камінь за каменем «збирали» наше місто.

Кожна збережена старовинна споруда — це водночас і пам'ять про видат-них людей, які тут бували, жили чи працювали. Спинивши погляд на окремих вцілілих будівлях колишнього Братства, що переросло згодом у Києво-Могилянську академію, ми згадуємо і його організаторів, видатних українських просвітителів Лаврентія Зизанія, Памву Беринду, Зіновія Копистенського, і гетьмана козацтва запорозького Петра Сагайдачного, який матеріально підтримав розвиток просвітительського закладу, і числен-них вихованців, що згодом уславили свою вітчизну, а найперше Дмитра Бортнянського, Петра Гулака-Артемовського, Григорія Левицького, Григорія Сковороду і митрополита Петра Могилу, більш відомого добрими світ-ськими ділами, особливо спрямованими на поширення просвіти.

Перед Контрактовим будинком на однойменній площі ми згадуємо Олек-сандра Пушкіна і Тараса Шевченка, Оноре де Бальзака і мужніх лицарів декабристів, які в різних справах приїздили сюди на щорічні контрактові ярмарки.

Таку добру пам'ять несуть не обов'язково великі й величні споруди, часом

і скромний будиночок воскрешає в нас добру згадку про добрих людей.
Як, наприклад, дім Федора Коробки, видатного срібних справ майстра,
цехмістра срібного цеху, який лишив нетлінні пам'ятки свого мистецтва
в церквах Києво-Печерської лаври, як будинки кондитерів Балабух, котрі
зуміли уславити своє місто суто київськими ласощами і торгували ними
по всій Російській Імперії, як скромна хатинка першої київської аптеки
та чимало інших, розкиданих по всьому Подолу та повернутих до другого
життя дбайливими реставраторами.

Не менш древню історію, ніж Гора чи Поділ, має й Печерськ. Хто може
сказати, коли люди почали обживати тут численні печери, коли почали
шукати в них притулку в дні нашестя ворогів? За літописом, 1051 р. ченці
Антоній і Феодосій заснували у варязьких печерах монастир, якому вже
через століття судилося стати лаврою, або головним великим монастирем.
Минали роки і віки, а лавра обростала спорудами, на яких можна про-
стежити історію давньоруської та української архітектури, перетворювалася
на міцну фортецю і водночас велике феодальне господарство. А ще —
в осередок культури. Саме з Києво-Печерською лаврою пов'язані імена
і першого в Києві літописця, і першого лікаря, і першого іконописця...
Нижче, над самісіньким Дніпром, зростав, набирав сили ще один монастир,
ровесник лаври — Видубицький. Коли великий князь Володимир, хрести-
тель Русі, наказав повергнути з високої кручі язичницьких ідолів, скинули
в Дніпро і головного з них — дерев'яного Перуна. Кияни бігли за ним,
причитаючи: «Видибай, боже!» І Перун таки «видибав», показався серед
дніпрових хвиль. Місце те відтоді почали називати Видубичами, а онук
князя-хрестителя Всеволод побудував тут монастир, який дістав назву
Видубицького.

Ні, не бідний Печерськ на пам'ятки історії!

Вітер історії шурхотить у кронах віковічних дерев, пестить камінь старовин-
них споруд. На площі перед Софією Київською височить величний мону-
мент. Лицар на здибленому коні підніс над головою гетьманську булаву.
Чи не таким саме побачили кияни три з половиною століття тому керівника
визвольної війни українського народу Богдана Хмельницького, коли разом
зі своїм військом вступав він на цю площу після перемоги над польською
шляхтою? Та війна, що закінчилася актом добровільного возз'єднання Ук-
раїни з Росією, розкрила нову сторінку для Києва, який позбавився нарешті
багатовікової залежності від литовських та польських феодалів.

А невеличкий будиночок на Подолі, меморіальна дошка на якому нагадує,
що тут зупинявся Петро I, повертає нас пам'яттю до російсько-шведської
війни.

А такий же скромний будиночок на Печерську, що належав героєві Вітчиз-
няної війни 1812 року генералові Миколі Раєвському, воскрешає буремний
дух декабристів, дворянських революціонерів, які ще 1825 року сподівалися
повалити монархію в Росії.

А дерев'яна, майже сільська хата неподалік площі імені Жовтневої Револю-
ції викликає священний духовний трепет — у ній жив і працював великий
Кобзар, уславлений поет, художник і бунтар Тарас Шевченко.

А меморіальний будинок великої української поетеси Лесі Українки...

Справді, місто — це жива книга. Скільки в ній заповнено сторінок за п'ят-
надцять століть!

Коли 1240 року орди хана Батия обложили Київ і після тривалої героїчної
оборони заволоділи містом, вони зруйнували все, що можна було зруйнува-
ти. Та, мабуть, за всю свою п'ятнадцятивікову історію не зазнавав Київ та-
ких тяжких руйнувань, як під час окупації фашистами в роки Великої Віт-
чизняної війни. За два роки хазяйнування гітлерівці знищили майже поло-
вину житлових будинків, багато пам'яток культури, всю промисловість,
міське господарство.

Жахлива картина постала перед воїнами, які в листопаді 1943 року підня-
ли над визволеним містом червоне знамено. Скрізь палахкотіли пожарища,

серед чорних сумних руїн лежав красень Хрещатик — тільки вузенька стежка зміїлася серед кучугур битої цегли і залізобетону. Зовсім мало киян зустрічало воїнів-визволителів — сотні тисяч їх ворог закатував або вивіз на каторгу до Німеччини.

Здавалося, цілого покоління не вистачить, щоб залікувати страшні рани війни. А зроблено це було за лічені роки. Бо вся країна, всі радянські республіки безкорисливо допомагали киянам відроджувати з попелу і руїн «матір міст руських», старовинний Київ.

Нехай архітектура 40—50-х років, років відродження, не додала традиційно добрих штрихів обличчю міста — не до краси тоді було, стояло завдання дати дах над головою тисячам і тисячам людей. Але вже в той тяжкий час почалося дбайливе, планомірне відновлення пам'яток, святих для кожного киянина, нашої історичної і національної гордості. Зводилися з руїн університет і опера, Києво-Печерська лавра і Софія, споруди музеїв і бібліотек. Дбайливо, квартал за кварталом, реставрувалися ренесансні та модернові будинки, які прикрасили Київ у роки так званої будівельної гарячки, на грані XIX—XX століть. І місто не просто забудовувало пустирі й згарища, а по можливості відновлювало своє багатолике єство, де кожний з п'ятнадцяти прожитих віків лишив свій слід.

На Поділ повернувся знаменитий фонтан «Самсон». Мало не через два століття було нарешті втілено задум архітектора Алоїзія Руска, автора Гостиного двору, бо цій споруді ні за його життя, ні згодом так і не судилося бути довершеною (на багато років було загублено проект). Нове життя дістав збудований Владиславом Городецьким костьол, в якому нині звучить органна і камерна музика. Дбайливо реставровано музей Т. Г. Шевченка і ще десятки й десятки архітектурних та історичних пам'яток. І цей процес відродження старовини триває, і завдяки цьому місто, яке кожного року будує 25—30 тисяч нових квартир, не дає потокові індустріальних новобудов поглинути свою історичність.

Живе й іще одна давня добра традиція Києва — не бідніє він на затишні зелені шати. Як і в давні часи, мало не кожна його вулиця нагадує тінисту алею, як і раніше, шумлять над ним крони вікових каштанів, лип, кленів, а їх підпирає, як це й водиться у світі, молода міцна поросль.

Сьогодні київські парки і сквери, алеї і бульвари визолочені осінню. Затихли, прощаючись із сонцем, дерева. Але нехай не викликає це у вас смутних асоціацій. Природа завмирає восени, щоб з новою несамовитою силою забуяти весною, утверджуючи торжество вічного життя. А міста — вони взагалі не старіють. Вони тільки вбирають у себе велич і мудрість віків, і ноша віків не видається їм важкою. Якщо вірять у майбутнє люди, котрі їх населяють.

1500-літній Київ пройшов через найтяжчі випробування. Але жодне з них, у тому числі й останнє — чорнобильське лихо, яке зачепило його своїм зловісним крилом, не було, не стало владним над волею, над духом киян, господарів і творців свого міста. Жити йому й далі, жити у віках!

Немного в нашей стране найдется городов более солидного возраста, чем Киев. Полтора тысячелетия стоит он над обрывистыми кручами седого Днепра-Славутича, и, когда по реке плывут-клубятся утренние туманы, сам кажется седым и мудрым, как легендарный былинный богатырь, над которым невластны годы и столетия.

Правда, поэты и публицисты любят награждать Киев эпитетами «вечно молодой», и это в конце концов соответствует истине — ведь все время день ото дня изменяется его лицо, омолаживается он современными строениями, новыми широкими проспектами, целыми жилыми массивами, но в том и привлекательность Киева, что не теряет он при этом своей историчности, своей солидности, даже таинственности древнего города.

«Матерью городов русских» назвал Киев старинный летописец. Подчинив себе многочисленные племена, Киев стал центром первого государства восточных славян — Киевской Руси, а от нее могучей порослью пошли Великая, Малая и Белая Русь, которые сегодня мы называем республиками-сестрами Россией, Украиной и Белоруссией.

Этим фотоальбомом мы приглашаем вас в путешествие по Киеву. Как настоящее путешествие бывает ограничено во времени, так и наше, основанное на увековеченных с помощью фотообъектива мгновениях, тоже могло бы уложиться в несколько осенних дней. Вы начнете его, когда город пламенеет золотисто-багряным убором, и закончите с первым, еще несмелым снежком.

Почему мы приглашаем вас на свидание с Киевом осенней порой? Наверное, она, пора зрелости, уравновешенности и грустной мечтательности, наиболее импонирует старинному историческому городу, которому есть на что оглянуться, что вспомнить, о чем рассказать. И бронзовый венок ему больше к лицу, чем гирлянды весенних цветов.

Итак, в добрый путь по страницам альбома, и пусть эта встреча с Киевом будет радостной, приятной и поучительной.

В древнейшей восточно-славянской летописи «Повесть временных лет» так описывается возникновение Киева. Три брата Кий, Щек, Хорив и сестра их Лыбедь плыли однажды в ладье по полноводному Днепру. Взгляд путешественников привлекло городище на крутой зеленой горе, возвышающейся над могучей рекой. А рядом — тихая спокойная природная гавань, где удобно причаливать лодкам и кораблям. И остановили свой путь братья с сестрою, на месте городища возвели град, дав ему имя в честь старшего брата Кия. Имена других основателей города увековечились в названиях гор — Щекавица и Хоривица, двух улиц, а также речки — Лыбедь.

В дни, когда Киев отмечал свое 1500-летие, у подножия уже огромного современного города, в нескольких шагах от реки, стала на вечный причал бронзовая ладья с отважными братьями и сестрой, чтобы современники и потомки не забывали, откуда они ведут свою родословную...

История пишется не только на пергаментах, она чеканится и в камне. Каменная летопись Киева большая и поучительная, она может рассказать много интересного тому, кто умеет видеть и слушать, кто хочет знать историю.

Остановите свой взгляд на легких ажурных очертаниях Аскольдовой могилы, прислушайтесь к тихому шепоту побронзовевших листьев на старых кленах, и вы узнаете о том, как однажды заезжий князь Олег ступил с лодки на киевскую землю, коварно выманил к берегу местных князей Аскольда и Дира, убил их, сам заняв киевский престол.

Полную ли правду донесла нам эта старинная легенда? В любом случае, легендарный Олег, как утверждают письменные источники, искупил свою вину, возвеличил и укрепил Киев, ходил походами на гордых византийцев и даже, выражаясь словами поэта, водрузил свой «щит на вратах Цареграда».

Можно бесконечно любоваться величественным ансамблем Софии Киевской, храма, возраст которого насчитывает без малого тысячу лет. Его заложил в 1037 году великий князь киевский Ярослав Мудрый в честь победы над воинственными кочевниками — печенегами. На поле за градом, как выразился летописец, где кипела жестокая битва, и повелел он строить Софию, что по-гречески означает «мудрость», которую он хотел видеть не только культовым храмом, но и очагом культуры, знаний, просвещения. Именно здесь создавалась первая на Руси библиотека, переписывались и переводились с других языков книги, существовали иконописные, мозаичные и другие мастерские.

Ярослав в шесть раз расширил границы города своего отца, Владимира, обнес его крепкими стенами и обвел рвами, построив трое ворот, которые вели в Киев. Самыми главными, парадными считались Золотые ворота, каменные остатки которых дошли до наших дней. Благодаря тщательному изучению древних описаний и зарисовок этого величественного сооружения силами реставраторов, архитекторов, художников недавно восстановлен его первоначальный вид. Немного фантазии, и на крыльях обновленных ворот вы увидите фигуры древнерусских дружинников, которые пристально всматриваются вдаль: не грозит ли городу мастеров дикая воинственная степь?..

С древнейших времен Киев развивался тремя отдельными, хотя и теснейшим образом связанными между собой районами: аристократическая Гора, или Верхний город, с княжеским дворцом, домами знати и дружинников, Нижний город, или Подол,— трудовой, ремесленно-торговый, со своим непокорным характером, способный возразить князю, созвать свое вече, а то и поднять восстание, и, наконец, Печерск с Красным загородным княжим двором и большими и богатыми монастырями, в частности Киево-Печерским и Выдубицким.

Время неумолимо, оно точит дерево и камень, уничтожает архитектурные шедевры так же, как и хижины, но многое может сделать человек-хозяин, который уважает свои корни, усматривает в прошлом живую связь поколений. Это, наверное, лучше всего прослеживается на Подоле. Как и во всем Киеве, здесь в 30-е годы, во время так называемой социалистической реконструкции города, погибло немало исторических сооружений, особенно культового назначения. А каким разрушениям подвергся Подол во время многочисленных пожаров — только в 1811 году сгорело 1240 домов, 3 монастыря, 19 церквей, ратуша, Гостиный двор и много других зданий. Тяжелый, неизгладимый след оставила по себе и Великая Отечественная война.

Но сегодня тысячи людей приходят на Подол на свидание с прошлым. Стараниями киевлян, настоящих патриотов города, район с каждым днем приобретает новые черты — один за другим реставрируются, обновляются исторические и архитектурные памятники, все больше расширяя и дополняя ансамбль Киева XVIII—XIX веков.

Каждое сохраненное для потомков историческое сооружение — это частица таланта, характера выдающихся зодчих — Андрея Меленского, Ивана Григоровича-Барского, Степана Ковнира, Иосифа Старцева, Василия Гесте, Иоганна Шеделя и многих других, творцов украинского барокко и раннего классицизма, скромных строителей, которые по камню «собирали» наш город.

Каждое сохраненное старинное сооружение — это одновременно и память о выдающихся людях, которые в них жили, работали или бывали. Остановив взгляд на отдельных уцелевших строениях бывшего Братства, переросшего со временем в Киево-Могилянскую академию, мы вспоминаем и его организаторов, выдающихся украинских просветителей Лаврентия Зизания, Памву Берынду, Зиновия Копыстенского, и гетмана казачества запорожского Петра Сагайдачного, материально поддержавшего развитие просветительского учреждения, и многочисленных воспитанников, со временем прославивших свою Отчизну, а прежде всего Григория Сковороду, Дмитрия Бортнянского, Петра Гулака-Артемовского, Григория Левицкого и митрополита Петра Могилу, более известного добрыми светскими делами, особенно направленными на распространение просвещения.

Перед Контрактовым домом на одноименной площади мы вспоминаем Александра Пушкина и Тараса Шевченко, Оноре де Бальзака и мужественных рыцарей декабристов, которые по разным делам приезжали сюда на ежегодные контрактовые ярмарки.

Такую добрую память несут не обязательно большие и величественные сооружения, иногда и скромный домик воскрешает в нас доброе воспоминание о добрых людях. Как, например, дом Федора Коробки, выдающегося серебряных дел мастера, цехмистра серебряного цеха, оставившего нетленные памятники своего искусства в церквах Киево-Печерской лавры, как дома кондитеров Балабух, которые сумели прославить свой город исконно киевскими лакомствами и торговали ими по всей Российской Империи, как скромный домик первой киевской аптеки и множество других, разбросанных по всему Подолу и возвращенных ко второй жизни заботливыми реставраторами.

Не менее древнюю историю, чем Гора или Подол, имеет и Печерск. Кто может сказать, когда люди начали обживать здесь многочисленные пещеры, когда начали искать в них убежища в дни нашествия врагов? Согласно летописи, в 1051 году монахи Антоний и Феодосий основали в варяжских пещерах монастырь, которому через столетие суждено было стать лаврой, или главным большим монастырем. Проходили годы и века, а лавра обрастала сооружениями, по которым можно проследить историю древнерусской и украинской архитектуры, превращалась в могучую крепость и одновременно в большое феодальное хозяйство. А еще — в очаг культуры. Именно с Киево-Печерской лаврой связаны имена и первого в Киеве летописца, и первого врача, и первого иконописца...

Ниже, под самым Днепром, вырастал, набирался силы еще один монастырь, ровесник лавры — Выдубицкий. Когда великий князь Владимир, креститель Руси, приказал свергнуть с высокой кручи языческих идолов, сбросили в Днепр и главного из них — деревянного Перуна. Киевляне бежали за ним, причитая: «Выдыбай, боже!» И Перун таки «выдыбал», показался среди днепровских волн. Место с тех пор начали называть Выдубичи, а внук князя-крестителя Всеволод построил здесь монастырь, который получил название Выдубицкого.

Нет, не беден Печерск памятниками истории!

Ветер истории шуршит в кронах вековых деревьев, ласкает камень старинных сооружений. На площади перед Софией Киевской возвышается величественный монумент. Рыцарь на вздыбленном коне поднял над головой гетманскую булаву. Не таким ли именно увидели киевляне три с половиной столетия назад руководителя освободительной войны украинского народа Богдана Хмельницкого, когда вместе со своим войском вступал он на эту площадь после победы над польской шляхтой? Но война, закончившаяся актом добровольного воссоединения Украины и России, раскрыла новую страницу для Киева, который избавился наконец от многовековой зависимости от литовских и польских феодалов.

А небольшой домик на Подоле, мемориальная доска на котором напоминает, что здесь останавливался Петр I, возвращает нас памятью к русско-шведской войне.

А такой же скромный домик на Печерске, принадлежавший герою Отечественной войны 1812 года генералу Николаю Раевскому, воскрешает мятежный дух декабристов, дворянских революционеров, которые еще в 1825 году надеялись свергнуть монархию в России.

А деревянная, почти сельская хата недалеко от площади имени Октябрьской Революции вызывает священный духовный трепет — в ней жил и работал великий Кобзарь, прославленный поэт, художник и бунтарь Тарас Шевченко.

А мемориальный домик великой украинской поэтессы Леси Украинки...

Действительно, город — это живая книга. Сколько в ней заполнено страниц за пятнадцать столетий!

Когда в 1240 году орды хана Батыя обложили Киев и после длительной героической обороны овладели городом, они разрушили все, что можно было разрушить. Но, пожалуй, за всю свою пятнадцативековую историю не претерпевал Киев таких тяжелых разрушений, как во время оккупации фашистами в годы Великой Отечественной войны. За два года хозяйничания гитлеровцы уничтожили почти половину жилых домов, много памятников культуры, всю промышленность, городское хозяйство.

Ужасающая картина предстала перед воинами, поднявшими в ноябре 1943 года над освобожденным городом красное знамя. Везде полыхали пожарища, в руинах лежал красавец Крещатик — только узенькая тропинка вилась среди куч битого кирпича и железобетона. Совсем мало киевлян встречало воинов-освободителей — сотни тысяч их враг замучил или вывез на каторгу в Германию.

Казалось, целого поколения не хватит, чтобы залечить страшные раны войны. А сделано это было за считанные годы. Потому что вся страна, все советские республики бескорыстно помогали киевлянам возрождать из пепла и руин «мать городов русских», старинный Киев.

Пусть архитектура 40—50-х годов, годов возрождения, не прибавила традиционно добрых штрихов лицу города — не до красоты тогда было, стояло задание дать крышу над головой тысячам людей. Но уже в то тяжкое время началось тщательное, планомерное обновление памятников, святых для каждого киевлянина, нашей исторической и национальной гордости. Поднимались из руин университет и опера, Киево-Печерская лавра и София, здания музеев и библиотек. Заботливо, квартал за кварталом, реставрировались ренессансные и модерновые здания, украсившие Киев в годы так называемой строительной горячки, на рубеже XIX—XX столетий. И город не просто застраивал пустыри и пепелища, а по возможности обновлял свое многоликое естество, в котором каждый из пятнадцати прожитых веков оставил свой след.

На Подол возвратился знаменитый фонтан «Самсон». Чуть ли не через два столетия был наконец воплощен замысел архитектора Алоизия Руска, автора Гостиного двора — потому что этому сооружению ни при его жизни, ни потом так и не суждено было быть завершенным (на многие годы был утерян проект). Новую жизнь получил построенный Владиславом Городецким костел, в котором теперь звучит органная и камерная музыка. Заботливо реставрирован музей Т. Г. Шевченко и еще десятки и десятки архитектурных и исторических памятников. И этот процесс возрождения старины продолжается, и благодаря этому город, который каждый год строит 25—50 тысяч новых квартир, не дает потоку индустриальных новостроек поглотить свою историчность.

Жива и еще одна старая добрая традиция Киева — не беднеет его уютный зеленый наряд. Как и в давние времена, почти каждая его улица напоминает тенистую аллею; как и прежде, шумят над ним кроны вековых каштанов, лип, кленов, а их подпирает, как это водится в мире, молодая крепкая поросль.

Сегодня киевские парки и скверы, аллеи и бульвары позолочены осенью. Затихли, прощаясь с солнцем, деревья. Но пусть не вызывает это у вас грустных ассоциаций. Природа замирает осенью, чтобы с новой неистовой силой возродиться весной, утверждая торжество вечной жизни. А города — они вообще не стареют. Они только вбирают в себя величие и мудрость веков, и ноша веков не кажется им тяжелой. Если верят в будущее люди, которые их населяют.

1500-летний Киев прошел через тяжелейшие испытания. Но ни одно из них, в том числе и последнее — чернобыльская беда, которая зацепила его своим зловещим крылом, не было, не стало властным над волей, над духом киевлян, хозяев и творцов своего города. Жить ему и дальше, жить в веках!

КИЇВ У БАРВАХ ОСЕНІ

There are very few cities in our country that are older than Kiev. For a millennium and a half it has stood on the steep hills over the grey Slavutich-Dnieper. When the day breaks and morning mist floats over the river, the city has the air of an old and wise fairy-tale hero.

Poets and essayists like to refer to Kiev as to "the city ever young," and it is true, for day after day, its architectural style is transformed by its modern blocks of flats, newly-built avenues and residential districts. In spite of this fact, Kiev preserves its historical significance and the air of mystery characteristic of an ancient city.

The ancient chroniclers called Kiev "the mother of the cities of Rus." Having subordinated numerous tribes, Kiev became the centre of Kievan Rus, the first state of the Eastern Slavs — which later gave offsprings — the present-day sister-republics — Russia, Ukraine and Byelorussia.

This picture book invites you to take a tour round Kiev. Like any excursion limited by time, our tour will last a few autumn days. We shall start when the city is still dressed in a motley of gold and purple foliage and finish on the day of the first snowfall.

The autumn period, the period of maturity and dreamy languor, perfectly suits the ancient city with a rich historical background. Autumn attire is more becoming to Kiev than a garland of spring flowers.

So we start our tour on the pages of this picture book and hope that the reader will derive pleasure from the sequence of pictures that follow.

"The Tale of Bygone Days," an Eastern-Slavic chronicle, speaks about the foundation of Kiev as follows: three brothers Kiy, Shchek and Khoriv and their sister Lybed floated in a boat down the Dnieper. Their attention was attracted by the site on a steep green hill overlooking the mighty river with a quiet warf for boats. The brothers and their sister stopped to settle there and built a city named after the elder brother Kiy. The names of his kinfolk have been preserved in the names of hills — Shchekavitsa and Khorivitsa, two streets of the same names, and the river Lybed.

When Kiev celebrated its 1.500th anniversary, a memorial copper boat with the legendary travellers found its eternal anchorage on the bank of the Dnieper for the descendants to know their ancestors.

History is written not only on parchments but also in stone. The stone record of Kiev is long and instructive, but it is revealed only to those who have eyes to see and ears to hear, and who want to learn more about the past.

Look attentively at the lacy drawnwork of the Askold's Grave pavilion, listen to the soft rustle of bronze-coloured leaves and, perhaps, they will tell you how Prince Oleg, a stranger, reached Kiev in 882, treacherously lured the local princes Askold and Dir from the city, killed them and seized the throne of Kiev. Is this legend true? In any case, the written sources proved that the legendary Oleg atoned for his sin. He strengthened Kiev's defences, waged many campaigns to subdue valiant Byzantians and as the poet wrote "mounted his shield on the gates of Tsargrad," glorifying the city of Kiev and its throne.

The ensemble of the aging St. Sophia Cathedral is striking for its beauty. It was founded in 1037 by the Grand Prince Yaroslav the Wise to commemorate the victory over the Pechenegs, militant nomads. Beyond the city limits on the former battlefield, the Prince ordered the Sophia Cathedral (the Greek "Sophia" means "Holy Wisdom") to be built. He conceived it not only as a temple, but also as a centre of culture and education. Here the first library was founded, books in various languages were rewritten and icon-painting and mosaicm-aking workshops were set up.

Yaroslav expanded the city limits until it was six times as large as the Kiev reigned over by his father Prince Vladimir. He fenced Kiev with a strong rampart, surrounded it with moats and erected three large gates leading into the city. The formal entranceway was through the Golden Gate. Its stone ruins have survived to our days. Due to the conscientious study of old written sources, as well as ancient drawings of this monumental structure, restorers, architects and artists have faithfully reconstructed the gate. Your imagination can help you to see Old Rus warriors on the wings of the restored gate who are peering into the distance watching for any threat to the city from steppe nomads.

From time immemorial Kiev developed in three distinctive sections — the aristocratic Hill (or the Upper City) with the Prince's Palace, houses of the nobility and warriors; the Lower City or Podol (the trade-and-craft centre, inhabited by freedom-loving people who could withstand the prince's power and gather "veche" (popular assembly) or even organize an insurrection) and Pechersk, the section of the city where there was Krasny Dvor, an out-of-town residence as well as large and rich monasteries — the Kiev-Pechersk and the Vydubichi.

Time is inexorable; it stamps its mark on wood and stone, ruins monumental structures as well as huts, but much depends on men if they respect their roots and the living links with their ancestors.

Sad, however, are the results of the so-called "socialist reconstruction" in the 1930s, when many historical monuments, especially churches, were destroyed. A great disaster befell the Podol region during the fire of 1811: 1240 houses, 3 monasteries, 19 churches, a city hall, the traders' rows were all burnt to ashes. The Great Patriotic War (1941—1945) also left its ruinous traces in the city.

Thousands of people today come to the Podol region to meet the past. Due to the efforts of enthusiastic Kievites, many structures have been built anew. Many monuments of architecture are being restored to assume their original form and to reconstruct 18th—19th-century Kiev.

Every historical monument manifests the talent of its creators such as Andrei Melensky, Ivan Grigorovich-Barsky, Stepan Kovnir, Iosif Startsev, Vasily Gheste, Johann Schedel and other architects who created the Ukrainian Baroque and Early Classicism which define the aspect of Kiev.

Every monument holds the memory of the outstanding people who lived, work-ed, or visited the city. Cast a glance at the ruins of the Brotherhood Monas-tery, which housed later the Kiev-Mohyla Academy. It brings to mind the names of its founders and donators — Ukrainian enlighteners Lavrenty Zizaniy, Pamva Berynda, Zinovy Kopystensky and Petro Sahaidachny, Hetman of the Zaporozhian Cossacks who supported this centre of enlightenment financially, as well as numerous students who brought fame to their native land. Among renowned students were Grigory Skovoroda, Dmitry Bortnyansky, Petro Hulak-Artemovsky, Grigory Levitsky and Metropolitan Petro Mohyla who contributed much to the education of their countrymen.

In front of the Contract House we recall Alexander Pushkin, Taras Shevchen-ko, Honore de Balzac and the Decembrists who at different times visited this place.

A modest cottage as well as magnificent mansion can revive recollections of its famous inhabitants. Take, for instance, the house of Fedir Korobka, a silver-smith, head of the silvercraft workshop, who made his imperishable creations for the churches of the Kiev-Pechersk Lavra. No less well known is the house of the Balabukhas, confectioners who produced Kiev-made dainties in great demand throughout the Russian Empire. Also well-known is the building hous-ing chemist's shop No. 1. There were many fine structures scattered throughout the Podol which have been returned to life by the careful efforts of restorers.

Pechersk area also boasts many monuments. Who can tell the exact date when people started to dig caves to seek refuge in them during periods of invasions? According to the chronicles in the year 1051 monks Anthonius and Theodo-sius founded the cave church which in a century was transformed into a lavra. Time lapsed and the monastery extended its limits, new structures sprang up whose form reflects the entire history of Old Rus and Ukrainian architecture. The Lavra turned into a major stronghold, a feudal economic unit and a centre

of culture. The names of the first Kiev icon-painter, physician and chronicler
are associated with the Kiev-Pechersk Lavra.
Not far way, on the very bank of the Dnieper, another monastery, Vydubichi,
a contemporary of the Lavra, emerged. When Grand Prince Vladimir who
baptized Rus, ordered pagan idols, wooden Perun among them, to be thrown
down into the Dnieper from a steep hill, Kievites ran along the river, crying:
"God, vydybai!" (the Russian "vydybai" is for "float out"). And after it appeared
amidst the Dnieper waves, this site took on the name "Vydubichi," Vsevolod,
Prince Vladimir's grandson, laid out a monastery there.
In front of the Sophia Cathedral there's a magnificent monument — a rider on
a rearing horse holds a Hetman's mace overhead. This is Bohdan Khmelnitsky,
the leader of the liberation war the Ukrainians waged against Polish lords,
who for three and a half centuries ago, marched victoriously together with his
troops on this square. This struggle resulted in the reunification of the Ukraine
with Russia while Kiev, which threw off the yoke of Lithuanian and Polish
lords, turned over a new page in its history.
A small house in the Podol area with a memorial plaque commemorating
Peter the Great's visit to Kiev, reminds the visitors of the Russo-Sweden War.
Another modest building in Pechersk district is the residence of General Ni-
kolai Rayevsky, a hero of the 1812 Patriotic War. It recaptures the events
linked with the Decembrists, revolutionaries from the Russian nobility who
as early as 1825 conceived the overthrow of tsarism in Russia.
A view of a wooden cottage in the vicinity of the October Revolution Square
fills our heart with trepidation — here Taras Shevchenko, the famous poet,
artist and fighter, lived and worked. There is also a memorial house of the
Ukrainian poetess Lesya Ukrainka in Kiev. The city is like a living chronicle.
When in 1240 the hordes of Batu Khan besieged and seized Kiev, they brought
the city to complete ruin. The Nazi invasion was also devastating. During
the occupation, the Nazis destroyed almost half of Kiev's residential buildings,
many memorials, industrial basis and the municipal economy.
When Soviet soldiers liberated Kiev in 1943, they saw a horrifying scene: fires
were raging, the beautiful Kreshchatik lay in ruins and a narrow path was
meandering amidst hills of stones and broken bricks. Few Kievites were there
to welcome the liberators, thousands were killed or deported into German
slavery.
It seemed that it would take a century to heal the wounds. Actually, it took
only a few years. The whole country lent its assistance to revive this ancient
city from the ruins and ashes.
Of course, the building in the 1940s-1950s was carried out without the benefit
of planning. It was dictated mainly by the need to provide cheap housing the
many Kievites left roofless after the war. During those hard years, a programme
was charted for the careful restoration of monuments so dear to the heart
of every citizen. The pride of the city, buildings like the university, the opera
house, the Kiev-Pechersk Lavra, the Sophia Cathedral, the museums and libra-
ries were restored. One after another, through the conscientous work of restor-
ers, life was given back to buildings in the Renaissance and the *Art Nouveau*
styles which were erected at the turn of the 20th century, during the period of
so-called "construction fever." The architects didn't try to build the city anew,
they aspired to reanimate the organism of the ancient city, where every centu-
ry of its history had left its indelible mark.
The famous Samson Fountain was returned to the Podol. The original concept
of architect Aloisiy Rusk, the author of the Traders Rows design was given
form and accomplished. It was not completed during the author's lifetime.
Later the design was lost and only today, after it was rescued from the
long years of oblivion, the Traders' Rows enhance the ancient square. Organ
and chamber music resounds from the Roman Catholic Church, built by
Vladimir Gorodetsky. The Shevchenko Museum, along with other monuments
of history and architecture, has been carefully restored. But the process

of the capital rejuvenation is still in progress. That is why in spite of the
fact, that some 25.000-50.000 new flats welcome its residents annually, the
new city cannot devour the ancient historic centre.

Another salient feature of Kiev is its green attire. As in the remote past,
every street resembles a shady alley, lined up with old chestnuts, lime or
maple trees.

Today the city parks, public gardens, boulevards and streets are dressed in
gold. The trees are calm absorbing the last rays of the autumn sun. But don't
be sad: Nature goes to sleep only for a short while: it will vigorously arise in
spring to show the triumph of eternal life. Cities don't grew old, they only
acquire the wisdom of passing centuries and the burden of time is easy to
them if, that is, the people inhabiting them have faith in the future.

Ще Київ спить, укутавшись в турботу,
На сході неба свіжого сурма
У перший промінь креше позолоту
На лаврівських шпичастих шоломах.

Сліди віків на камені воріт,
Як письмена, я хочу прочитати,

Щоб назавжди до свого серця взяти
Історію давноминулих літ.

Останній день трункого літа
Розтанув зайчиком між віть...

Зелену хустку оксамиту
Мережить ниточками мідь.

Ти піднявся над минулим віком,
Як живий стоїш ти серед нас.

Та ще горять вогнем червоні канни...

Учора в Київ жовтень завітав.
Пройшов по вулицях широким пружним кроком.

Пульсує тиші срібна ртуть,
Припала зелень охрою й опалом.

В погожий день осінньої пори
Печерськ у липах золотавих тоне.

Де майдан Софіївський столиці,
Де на банях часу сивина, —
На крутому камені Хмельницький
Зупинив баского скакуна.

Стань біля брами, як перед віками.
За нею там — подвір'я урочисте.

Оранта з-під купола сходить,
Киянка в золоті смальт...

Збігає на Поділ Андріївський узвіз:
Ошатні дворики, і мощена бруківка...

*...Оті подільські вулички старі
Навіюють забуте щось і давнє...*

Благословенні ви, сліди,
Не змиті вічності дощами,

Мандрівника Сковороди
З припорошілими саквами...

Золотом пашіють Лаври бані,
Як і сотні років, над Дніпром.

Наче камінні оди прадавнім майстрам —
Будівничим слов'янським, умільцям чудовим,—

Не скорившись століттям, пожарам, вітрам,
На зелених курганах біліють будови.

...Десь в небі пливуть ріки,
Потужні ріки дзвону Лаври і Софії!..

Падають зерна кришталевої музики...

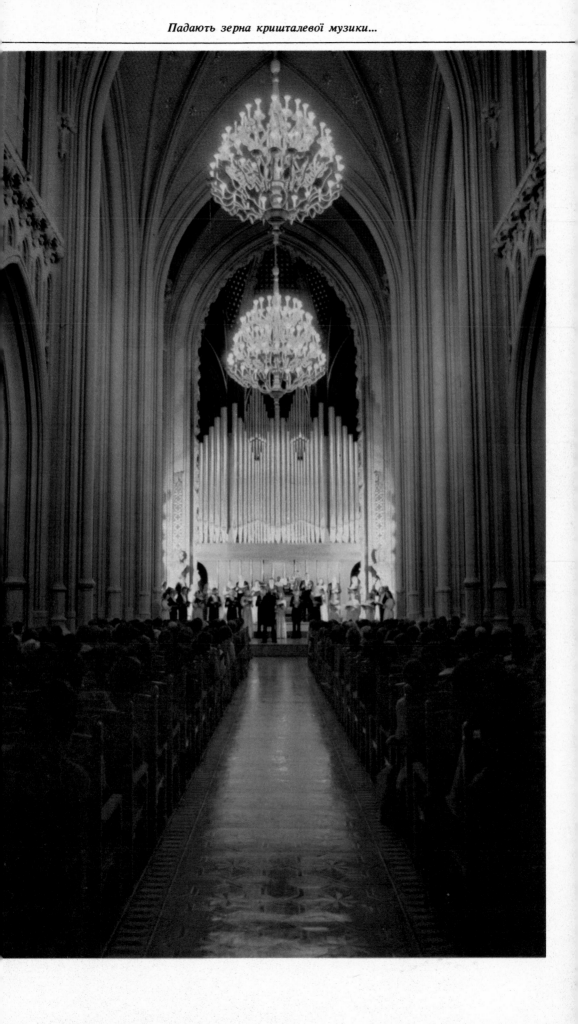

І слави золота зоря
Круг Заньковецької Марії!

І небо — як диво: якесь незбагненне —
Вогнисте і чисте, високе й дзвінке,
Краєчком вечірнього сонця до мене
Прихильно схиляється, рідне таке.

Шелест листу, шелест листу...
Дотліває сонця жар.

Хмарку підніма вогнисту
Листом встелений бульвар.

Поринаю в глибінь твоїх сивих віків
До далеких слов'янських начал,
Чую серцем бентежним не тільки твій
                                              спів,
А й твою полинову печаль.

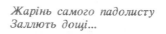

Жарінь самого падолисту
Заллють дощі...

Та зігріва багряне листя
Неспокої душі.

Яких тільки в лісі нема кольорів:
Розкрила палітру художниця осінь...

Яких тільки в лісі нема кольорів:
Розкрила палітру художниця осінь...

Під дощем, що хлюпнув на Хрещатик,
Парасольок виросли гриби.

Стоїть вітряк старезний край села,
Він вже стомився крилами махати.

I споришами стежка поросла,
Що в'ється аж до бабиної хати.

В сквері — сміх, як срібнії дзвіночки,
Гамір, наче щебет пташенят.

Сонце зазирає у озерця
Голубих лукавих оченят.

Сонце зазирає у озерця
Голубих лукавих оченят.

Лягла на всьому вечірня втома.
Палає місто, мов дивний храм.
І розпинають ніч невагому
Квадратні очі віконних рам.

Місто вечірнє у сяйві краси,
Тихнуть бульварів гучні голоси...

ТЕКСТІВКИ ДО ІЛЮСТРАЦІЙ

5. Пам'ятник князю Володимиру — хрестителю Русі. Скульптори В. І. Демут-Малиновський і П. К. Клодт, архітектор К. О. Тон. 1853 р. Встановлений на Володимирській гірці.

6—7. Андріївський узвіз — одна з найстаріших київських вулиць. З давніх часів вона була найкоротшим шляхом від Верхнього міста до Подолу. І сьогодні ця вулиця збереглася у неповторній своїй мальовничості. Вгорі височить Андріївська церква. Трохи нижче — високий будинок незвичайних романтичних обрисів. Побудований він у 1902 р. Кияни називають його «Замком Річарда Левине Серце». Праворуч вгорі за деревами видно будинок Історичного музею. На території біля музею в давні часи височіли князівські палаци, а пізніше і Десятинна церква — перша кам'яна споруда Київської Русі.

8—9. Видубицький монастир. Заснований у другій половині XI ст. Сучасний ансамбль монастиря сформувався в кінці XVII — на початку XVIII ст.

10—11. Новий житловий масив Троєщина.

12. Водограї на Володимирській гірці.

25. Вид на площу Богдана Хмельницького. У центрі — дзвіниця Софійського собору. Площа була свідком багатьох важливих подій. Після будівництва собору вона стала суспільним центром міста. Тут відбувалися віча, а починаючи з XVI ст. — торги і ярмарки. Тут кияни зустрічали полки Богдана Хмельницького після перемоги над польською шляхтою, вітали російських послів після Переяславської Ради. Тут відбувалися мітинги і демонстрації трудового люду, студентів, прогресивної інтелігенції.

26. Пішохідний міст через Дніпро.

27. Бані Києво-Печерської лаври.

28—29. Наче з легенди припливла і причалила до крутого дніпровського берега старовинна лодія... Цей пам'ятний знак на честь засновників Києва встановлений на набережній у парку ім. В. М. Примакова у 1982 р. Скульптор В. З. Бородай, архітектор М. М. Фещенко.

30—31. Ранок на Дніпрі.

32—33. У Золотоворітському сквері.

34—35. Золоті ворота були парадним в'їздом у столицю Київської Русі. Про спорудження Золотих воріт згадується у літописі під 1037 р. До наших днів збереглися лише рештки стін. У 1982 р. з достатньою точністю був реконструйований первісний вигляд історичного пам'ятки. Споруда служить захисним павільйоном для решток воріт. Автори реконструкції — доктор історичних наук С. О. Висоцький, архітектори-реставратори Є. І. Лопушинська і М. В. Холостенко.

36—37. Осінь прийшла.

38—39. У Ботанічному саду ім. академіка О. В. Фоміна.

40. Знову у школу.

41. У 1939 р. в парку перед університетом відбулося відкриття пам'ятника Т. Г. Шевченку, встановленого до 125-річчя з дня його народження. Автори — скульптор М. Г. Манізер, архітектор Є. А. Левінсон. З того часу парк, університет і розташований поруч бульвар носять ім'я великого українського поета.

42—43. Головною вулицею міста Хрещатик став років сто тому. Від старовинного Хрещатика до наших днів зберігся майже повністю лише один квартал (від вулиці Леніна до бульвару Шевченка). Все інше було зруйноване фашистськими варварами. Після війни Хрещатик був повністю відновлений і значно розширений.

44. Це місце на розі Хрещатика і Прорізної дуже змінилося відтоді, як тут промишляв один з персонажів роману І. Ільфа та Є. Петрова «Золоте теля» — старий нероба Паніковський.

45. Квітнуть канни.

46. Будівництво Центрального універмагу на розі вулиці Леніна у 1936—1939 рр. було першим кроком у реконструкції старого дореволюційного Хрещатика. Проект був розроблений у творчій майстерні О. В. Щусєва.

47. З непарної сторони Хрещатика тягнеться засаджений каштанами і липами тінистий бульвар.

48—49. Площа Жовтневої Революції — один з найбільш пожвавлених куточків міста. Тут кияни люблять посидіти біля водограїв. Тут призначають побачення. Тут художники намалюють ваш портрет, а фотографи зроблять знімок на згадку.

50—51. Площа Ленінського Комсомолу. На початку минулого століття вона була відома як Кінна площа — тут відбувалися кінні ярмарки. Потім, коли тут побудували перший Міський театр, її почали називати Театральною. Якийсь час вона носила ім'я Європейська — за назвою готелю, який побудували на місці знесеного театру.

52. Вгорі — головний корпус Київського університету ім. Т. Г. Шевченка, заснованого 1834 р. Будинок є пам'яткою російського класицизму. Побудований він у 1837—1842 рр. за проектом архітектора В. І. Беретті. Внизу — Бессарабський критий ринок. Споруджений у 1910—1912 рр. архітектором Г. Ю. Гаєм у стилі українського модерну з виразними рисами конструктивізму.

53. Вгорі — готель «Експрес». Внизу — Театр опери та балету ім. Т. Г. Шевченка. Будинок споруджено 1901 р. у формах французького ренесансу архітектором В. О. Шретером.

54—55. Так починається бульвар Дружби Народів.

56. Будинок банку на вулиці Жовтневої Революції побудований у 1902—1905 рр. за проектом цивільних інженерів О. В. Кобелєва та О. М. Вербицького. Споруда була двоповерхова, стилізована в дусі північно-італійського Відродження. У 1934 р. за проектом В. М. Рикова та О. В. Кобелєва було надбудовано ще два поверхи, від чого будинок став більш виразним.

57. Тут розміщується медична бібліотека, заснована у 1930 р. Будинок споруджений у 80-х рр. XIX ст. для одного з синів цукрозаводчика Терещенка. Архітектори П. І. Голландський та В. М. Ніколаєв.

58—59. За золотим листям видніється блакитний будинок Міністерства охорони здоров'я УРСР.

192

КИЇВ У БАРВАХ ОСЕНІ

172—173. The building of the River Terminal is like a giant white ship anchored to the bank of the Dnieper. Built in 1961 to the design of the architects V. I. Gopkalo, V. Ye. Ladny, G. M. Slutsky.

174. The Oktyabrsky Palace of Culture is housed in the building of the former Institute for the Girls of the Nobility. Built in 1838—1842 to the design of architect V. I. Beretti in the Late Classicism style. During the Nazi occupation the building was ruined and in 1958 it was reconstructed by a group of architects under the supervision of A. I. Zavarov.

175. Constellation of the evening lights.

176—177. The UkrSSR State Museum of Ukrainian Fine Arts is a major treasure trove of national art. The museum was built in 1897—1900. Architects V. V. Gorodetsky and G. I. Boitsov.

178—179. The Republican Stadium was constructed between 1937 and 1941 to the design of M. I. Grechina. The first football match was scheduled for June 22, 1941. On this day, however, the war broke out and the match took place five years later. In the 1960s the stadium underwent reconstruction work, the second tier of the stand was constructed. Today the stadium has a capacity of 100.000.

180—193. The first snow.

194—195. The snow doesn't stop keen canoeists.

196—203. The last autumn days...

*Перший сніг на листки золотаві
вже упав, білий-білий, як сни...*